ARLEQUIN
A ALGER,

COMEDIE-PARADE

EN UN ACTE

ET EN VAUDEVILLES;

Par MM. DE ROUGEMONT ET JUSTIN;

Représentée pour la première fois à Paris, sur le THÉATRE DU VAUDEVILLE, *le 25 Avril 1807.*

A PARIS;

Chez
{ HÉNÉE et DUMAS, impr.-lib., rue Saint-André-des-Arcs, n°. 3.
MARTINET, Libraire, rue du Coq;
BARBA, Libraire, au Palais du Tribunat;
Et tous les Marchands de Nouveautés.

AVRIL, M. D. CCC. VII.

PERSONNAGES.	ACTEURS.
ARLEQUIN.	M. LAPORTE.
COLOMBINE.	Mlle. MINETTE.
ASTOUF, Marchand d'Esclaves.	M. HYPOLITE.

La Scène se passe à Alger.

COUPLET D'ANNONCE.

Air : *Vaudeville de l'Avare.*

Arlequin, jaloux de vous plaire,
Aujourd'hui s'embarque d'Alger ;
Mais il craint certain vent contraire,
Dont il connaît trop le danger.   (*bis.*)
Chacun de vous devient l'arbitre
Du sort de notre voyageur ;
N'allez pas user de rigueur,
Et le renvoyer à son titre.   (*bis.*)

Nous plaçons la présente Édition sous la sauve-garde des Lois, et poursuivrons toutes celles qui ne seront point revêtues de notre chiffre.

ARLEQUIN
A ALGER.

(*Le Théâtre représente une place publique; à droite la maison d'Arlequin; à gauche celle d'Astouf.*)

SCÈNE PREMIÈRE.

ASTOUF, *sortant de chez lui.*

Je viens de passer la revue : deux cents femmes! Le joli fond de magasin pour un marchand d'esclaves! Allons, cela va fort bien.

AIR NOUVEAU.

Vive le métier de corsaire !
Il mène au temple de Plutus;
Et la richesse sur la terre
Est la première des vertus.
Par mes soins, mille jeunes femmes,
Font fortune dans ce pays;
Et tout en obligeant ces dames,
Je rends service à leurs maris.

Pour cette fois, le visir sera content de mon voyage. J'ai de quoi repeupler son sérail et renouveler ses amours. Quant au sultan, je n'ai pu remplir ses intentions. (*Il tire une tablette de sa poche et lit*) « Une jeune fille de seize à dix-huit ans, blanche comme la neige, fraîche comme la rosée, grave comme une espagnole, tendre comme une italienne, aimable comme une française, et fidèle...» Fidèle! Où diable va-t-il gâter sa demande par cette qualité? elle est cause que je n'ai rien trouvé. Il faudra bien que le sultan se contente de choisir l'une de mes deux plus jolies esclaves, Ermance et Eglé.... Elles réunissent d'ailleurs toutes les qualités qu'il demande....., à la fidélité près.

Air : *Vaudeville de Voltaire chez Ninon.*

La brune Ermance, aux yeux perçans,
A l'amour gaîment s'abandonne ;
Mais malgré ses dix-sept printems,
Elle n'est fidèle à personne.
La blonde Eglé, par ses attraits,
Enchante et séduit à la ronde ;
Mais, sans désirs et sans regrets,
Elle est fidèle à tout le monde.

Ici près demeure une jeune personne charmante, nommée Colombine, qui ferait bien mon affaire, et qui, j'en suis sûr, tournerait la tête au sultan : c'est dommage que je sois obligé de mettre à la voile dans deux heures, j'aurais cherché à la séduire par des promesses brillantes, par un sort magnifique ; mais il faut y renoncer. La jalousie d'Arlequin, son mari, demanderait d'ailleurs des précautions qui exigeraient beaucoup plus de tems que je n'en ai à rester ici.

SCENE II.
ARLEQUIN, ASTOUF.

ARLEQUIN.

Oh ! you ! you ! pauvre Arlequin ! que vas-tu devenir ?

ASTOUF, *à part.*

Voilà mon homme.

ARLEQUIN.

Le plus joli perroquet !

ASTOUF.

C'est vous, seigneur Arlequin ? vous paraissez bien affligé ?

ARLEQUIN.

C'est que j'ai du chagrin.

ASTOUF.

Que vous est-il donc arrivé ?

ARLEQUIN.

Un malheur... ah ! un malheur dont je ne me consolerai jamais.

ASTOUF.

Racontez-moi cela, je prends beaucoup d'intérêt à ce qui vous touche.

ARLEQUIN.

Vous êtes trop bon. Vous savez, mon voisin, que j'ai une femme charmante ?

ASTOUF.

On le dit.

ARLEQUIN.

AIR : *Vaudeville d'Arlequin Musard.*

Ma Colombine, sage et belle,
Variant ses jolis atours,
Pour paraître toujours nouvelle,
A l'art de changer tous les jours;
Pour me fixer et pour me plaire,
Par elle rien n'est oublié ;
Par sentiment elle est légère,
Et coquette par amitié.

ASTOUF.

Vous devez jouir d'un bonheur sans nuage ?

ARLEQUIN.

Sans nuage ? oh ! certainement....., si ce n'est pourtant quelques disputes....

ASTOUF.

Qui n'arrivent pas souvent.

ARLEQUIN.

Oh! non..... une fois par jour, plus ou moins.

ASTOUF, *à part.*

A merveille !

ARLEQUIN.

Nous nous boudons quelquefois toute la journée; mais ça ne dure jamais jusqu'au lendemain.

ASTOUF, *à part.*

Tant pis.

ARLEQUIN.

Hier, après un raccommodement, ma femme m'a fait cadeau de son portrait; ce matin, je suis sorti de très-bonne heure, dans l'intention de trouver quelque chose qui pût lui faire plaisir : en traversant le port, j'ai aperçu un perroquet qui disait : *à déjeûner! à déjeûner!* Sangodémi! me suis-je dit, voilà un perroquet bien élevé ; si j'en faisais présent à ma chère Colombine? *A déjeûner! à déjeûner!* c'est ce que je lui dis tous les matins ; et lorsque je n'y serai pas, elle croira m'entendre. Je l'achète donc ; et vous pouvez juger si j'étais content, le plus beau perroquet du Bengale! Mais cela ne suffit pas, me suis-je dit.

AIR : *Un homme, pour faire un tableau.*

Achevons de faire à présent
Ce que Colombine demande :
Un perroquet est très-gourmand,
Ma femme n'est pas moins friande,
En mari complaisant, sachons
Prévenir les vœux de son âme ;
Alors j'achète des bonbons
Pour mon perroquet et ma femme.

Mais il est mort subitement, et voilà ce qui m'inquiète. J'ai promis un présent à Colombine, et il ne me reste plus un sequin ; je n'ose me présenter devant elle.

ASTOUF.

C'est embarrassant, j'en conviens.

ARLEQUIN.

Ma femme a la clef de notre petit trésor, et je ne possède rien..... que ma batte ; encore en manque-t-il la moitié, qui a disparu hier dans un petit mouvement de vivacité..... Colombine le sait bien.

ASTOUF, *à part.*

Si je pouvais... Excellente idée! (*haut.*) Ne vous chagrinez pas, je puis vous servir.

ARLEQUIN.

Comment?

ASTOUF.

Le moindre présent suffira pour plaire à Colombine. Dans cette saison, les fleurs sont assez rares, pour être de quelque prix aux yeux d'une jolie femme, je vais faire un tour dans mon jardin, et je vous apporterai bientôt un bouquet magnifique.

ARLEQUIN.

Est-il possible! Ah!! comme elle sera contente! Puisque vous voulez bien, seigneur Astouf, avoir cette bonté, composez-lui, je vous prie, un bouquet bien joli.

AIR : *Je ne suis plus de ces vainqueurs.*

Que chaque fleur parle à ses yeux,
Et de mon cœur soit l'interprète.
Le lys est beau, mais orgueilleux :
Je préfère la violette.
Que la rose au myrthe amoureux
Par mille nœuds soit enlacée,
Mais placez, par un art heureux,
Le souci loin de la pensée.

ASTOUF.

Fiez-vous à moi, je reviens dans l'instant. (*à part.*) Je verrai la voisine.

SCÈNE III.
ARLEQUIN, *seul.*

Allons, tout va pour le mieux. Si je ne m'étais pas disputé avec Colombine, je n'aurais pas acheté un perroquet ; si je n'avais pas acheté un perroquet, je n'aurais pas acheté des bonbons ; si je n'avais pas acheté des bonbons, le perroquet ne m'aurait pas mordu, en voulant les manger ; s'il ne m'avait pas mordu, je ne lui aurais pas tordu le col ; si je ne lui avais pas tordu le col, je n'aurais pas un bouquet magnifique qui vaut mieux ; si je n'avais... Mais voici Colombine.

SCÈNE IV.
ARLEQUIN, COLOMBINE.

ARLEQUIN.

AIR : *Aussitôt que je t'aperçois.*

Oui, c'est elle ; je l'aperçois ;
Voilà celle que j'aime.

COLOMBINE.

Cher Arlequin, je te revois,
Mon bonheur est extrême !
A mon réveil je te cherchais.

ARLEQUIN.

Pour t'embrasser, moi, je rentrais;
Ma joie (*bis*) égale tes attraits.

TOUS DEUX.

Ah! chaque heure de la journée
Doit être une heure fortunée,
Lorsque, sans détour, (*bis.*)
On sait, par le plus doux retour,
Donner la première à l'amour. (*bis.*)

ARLEQUIN.

Comme te voilà fraîche et jolie !

COLOMBINE.

Toujours aimable et galant ?

ARLEQUIN.

Cela coûte si peu lorsqu'on s'aime! et je t'aime tous les jours davantage ; cependant, ma bonne amie, tu es ma femme depuis deux ans.

COLOMBINE.

Deux mois et trois jours.

ARLEQUIN.

En vérité! comme tu sais cela toi!

COLOMBINE.

Je gage que tu ne t'es levé si matin que pour me surprendre à mon réveil.

ARLEQUIN.

Oh! j'ai bien couru, (*à part.*) et je n'ai rien.

COLOMBINE.

Quant à moi, je ne t'ai pas oublié ; mais voyons...

ARLEQUIN.

Voyons...

COLOMBINE.

Commençons par toi.

ARLEQUIN, *à part.*

Ce maudit Astouf ne vient pas, je ne sais que faire. (*haut.*) Je suis le plus impatient, ma bonne amie, ainsi...

COLOMBINE.

Et moi, je suis la plus curieuse...

SCÈNE V.

ASTOUF, ARLEQUIN, COLOMBINE.

(*Astouf s'approche d'Arlequin en lui montrant le bouquet.*)

ARLEQUIN, *à part.*

Ah! le voilà. (*haut.*) Eh bien! ma bonne amie, c'est... (*Il cherche à prendre le bouquet des mains d'Astouf, sans que Colombine s'en aperçoive.*) c'est un bouquet.... que (*à part.*) Où est donc le bouquet ? (*haut.*) Enfin...

COLOMBINE.

Voyons le...

ARLEQUIN. (*même lazis.*)

Ma bonne amie, il est....

ASTOUF, *regardant Colombine.*

Charmant !

ARLEQUIN.

Oui, il est charmant !

ASTOUF, *de même.*

C'est une rose.

ARLEQUIN. (*même lazis.*)

Oui, une rose et mille fleurs ensemble. Mais.... (*Il prend le bouquet.*) le voilà, regarde.

COLOMBINE.

Ah! qu'il est joli! (*Elle le regarde tendrement.*)

ASTOUF, *à part.*

Physionomie piquante : bon ! Voilà qui vaut cent sequins.

COLOMBINE.

AIR : *Adieu, je te fuis, bois charmant.*

Comme ce bouquet est galant!

ASTOUF, *à part.*
Quelle fraîcheur et quelle grâce!

ARLEQUIN.
Pour me payer de ce présent,
Tu permettras que je le place.
Maintenant, ton joli corset
Est plein de fleurs fraîches écloses.
Que j'aime à placer un bouquet
Sur la tige où viennent les roses!

(*Il met le bouquet sur son sein.*)

COLOMBINE.
Trouves-tu qu'il me sied bien?

ASTOUF, *à part.*
Taille bien prise : cinquante sequins.

ARLEQUIN.
A ravir! A toi, maintenant.

COLOMBINE.
Ce n'est qu'une paire de manchettes, que j'ai brodées moi-même.

ARLEQUIN.
Donne, donne; oh! quel plaisir!

ASTOUF, *à part.*
Des talens? dix sequins.

ARLEQUIN.
Ma Colombine!

ASTOUF, *à part.*
Petits pieds? oh! petits pieds, cela vaut deux mille sequins!

ARLEQUIN, *n'entendant que la fin.*
Cela vaut bien plus! c'est Colombine qui les a brodées.

ASTOUF, *à part.*
Ils s'aiment tout de bon, je le vois; et cependant ils sont mariés! Allons, il faut attendre.

(*Il sort.*)

SCENE VI.
ARLEQUIN, COLOMBINE.

COLOMBINE.

Air : *de la Maréchale.*

Désormais
Plus d'orage,
Chacun sera plus sage,
Et de notre ménage
Respectera la paix.

ARLEQUIN.

J'embellirai ta vie
En donnant tour-à-tour,
Les jours à la folie
Et les nuits à l'amour.

COLOMBINE.

Désormais
Plus d'orage, etc.

Occupés de nous plaire,
N'ayons qu'un seul désir :
Les jours de la colère
Sont volés au plaisir.

ENSEMBLE.

Oui, désormais
Plus sage,
Je veux, dans mon ménage,
Prévenant chaque orage,
Laisser régner la paix.

ARLEQUIN.

Puisqu'il en est ainsi, je vais te faire une confidence; mais promets-moi bien de ne pas te fâcher! parce que, vois-tu, ma bonne amie, nous nous raccommodons trop souvent.

COLOMBINE.

Qu'est-ce donc?

ARLEQUIN.

Ce bouquet est bien joli! mais je te destinais autre chose.

COLOMBINE.

En vérité?

ARLEQUIN.

J'ai vu ce matin un perroquet joli! joli! et qui parle! qui.... (*à part.*) non, il ne parle plus. (*haut.*) Je sais que tu en as envie depuis long-tems; j'ai pensé, d'ailleurs, qu'à force de l'entendre dire *je t'aime*, il finirait par le répéter, et que cela te ferait plaisir, je l'ai acheté.

COLOMBINE.

Que tu es aimable! Où est-il?

ARLEQUIN.

Dans ma poche, ma bonne amie.

COLOMBINE.

Dans ta poche?

ARLEQUIN.

Oh! il ne risque rien; le voilà.

COLOMBINE.

Mais il est mort!

ARLEQUIN.

Sans doute, il est un peu mort; mais il est bien joli!

COLOMBINE.

Comment se fait-il...?

ARLEQUIN.

Ecoute, et tu vas voir que c'est bien de sa faute. Je revenais, tenant d'une main le perroquet; de l'autre ce cornet rempli de bonbons; le perroquet a voulu m'aider à manger les bonbons que je t'apportais, mais il s'est trompé, et il a pris mon doigt qu'il a serré bien fort : je l'ai laissé faire pour m'assurer de ses intentions; mais à la deuxième fois, crac! et le pauvre petit n'a plus recommencé.

COLOMBINE.

Est-il possible!

ARLEQUIN.

Regarde! plus de perroquet, plus de bonbons!

COLOMBINE.

Comment, tu les as mangés?

ARLEQUIN.

Oui, ma bonne amie, mais en pensant à toi.

COLOMBINE.

Très-bien !

ARLEQUIN.

Oh ! console-toi, j'en achèterai dix fois plus pour que tu en aies ta part : en attendant, allons déjeûner ; car je me sens un appétit !...

COLOMBINE.

Oh ! tu peux rester, il n'y a rien pour déjeûner.

ARLEQUIN.

Comment donc ? Et ces superbes macaronis que j'ai achetés hier ?

COLOMBINE.

Je les ai laissé brûler en brodant tes manchettes.

ARLEQUIN.

Vous avez laissé brûler les macaronis ?

COLOMBINE.

Le grand malheur !

ARLEQUIN.

C'est la seconde fois que cela arrive depuis deux ans, et vous me dites que vous m'aimez ?

COLOMBINE.

Quel train pour une bagatelle !

ARLEQUIN.

Une bagatelle ! voilà bien le langage des cœurs indifférens ! Une bagatelle !

COLOMBINE.

Il te sied bien de parler !

ARLEQUIN.

Brûler les macaronis !

COLOMBINE.

Tuer un perroquet !

ARLEQUIN.

Femme sans ordre !

COLOMBINE.

Homme brutal !

ARLEQUIN.

C'est affreux !

COLOMBINE.

C'est abominable !

Air : *Vaudeville d'Arlequin Musard*

Ah ! voilà donc la récompense
De tout ce que j'ai fait pour toi ;
J'ai quitté mon père et la France,
Pour me confier à ta foi.
J'ai trompé ma famille entière,
Pour t'offrir mon cœur et ma main.

ARLEQUIN.

Oui, mais on ne s'arrête guère
Lorsqu'on est en si beau chemin.

COLOMBINE.

Que dis-tu ?

ARLEQUIN.

Perfide !

COLOMBINE.

Ingrat !

ARLEQUIN.

Coquette !

COLOMBINE.

Jaloux !

ARLEQUIN.

Moi ?

COLOMBINE.

Air : *Tenez, moi, je suis un bonhomme.*

Quand je n'étais que ta maîtresse,
Je n'avais que des jours heureux,
Tu répondais à ma tendresse,
Et tu prévenais tous mes vœux.
Maintenant, brutal et sauvage,
Ton front est toujours obscurci :
Comme deux ans de mariage
Changent la tête d'un mari !

ARLEQUIN.

Oh ! oui, je suis changé.

COLOMBINE.

Ta conduite est indigne, et tu devrais rougir....

ARLEQUIN.

Je ne veux pas rougir, moi.

COLOMBINE.
Combien je regrette d'avoir refusé Gilles !
ARLEQUIN,
Il a toujours joué de bonheur.
COLOMBINE.
Va, va, je te déteste !
ARLEQUIN.
Et moi, je t'abhorre !
ARLEQUIN ET COLOMBINE, *ironiquement.*
L'hymen est un lien charmant,
Lorsque l'on s'aime avec ivresse.
ENSEMBLE.
AIR: *Cœur infidèle, cœur volage.* (de Blaise et Babet.)
A chaque instant nouvel outrage ;
C'est trop languir dans l'esclavage.
COLOMBINE.
Je romps la chaîne qui m'engage.
ARLEQUIN.
Ne me parle pas davantage.
COLOMBINE.
Voilà donc ce bel hyménée !
ARLEQUIN.
Voilà donc ce destin si doux !
COLOMBINE.
Je devais être fortunée.
ARLEQUIN.
Je devais faire des jaloux.
ENSEMBLE.
C'est trop souffrir, je me dégage ;
Parjure, ingrat, jaloux, volage !
Je romps la chaîne qui m'engage.
(*Colombine sort.*)

SCENE VII.

ARLEQUIN, *seul.*

Ouf ! la voilà partie, et je puis respirer ! Il est impossible de vivre avec une femme qui se conduit ainsi. Tous les jours nouveaux sujets de querelles : lorsqu'elle me laisse un moment de repos, c'est qu'elle réfléchit aux moyens de me faire enrager!

AIR : *Trouverez-vous un Parlement.*

Je t'abandonne pour jamais,
Femme ingrate, épouse infidèle;
Loin de toi, je veux désormais
Servir Mahomet avec zèle.
Turcs, chez vous je veux demeurer,
Changer mon culte pour le vôtre,
Afin de ne la rencontrer
Ni dans ce monde ni dans l'autre.

SCÈNE VIII.
ARLEQUIN, ASTOUF.

ASTOUF, *à la cantonnade.*

Selim, qu'on prépare tout pour mettre à la voile dans une heure.

ARLEQUIN.

Il part! il est bien heureux!

ASTOUF.

Ma cargaison est assez belle, deux cents femmes!....

ARLEQUIN.

Deux cents femmes!

ASTOUF.

Dont la plus âgée n'a pas dix-huit ans.

ARLEQUIN.

La jolie cargaison! Vous faites là un drôle de commerce, mon voisin ? Je sens pourtant qu'à votre place il ne m'enrichirait pas; je garderais tout pour moi.

ASTOUF.

(*A part.*) Le voisin a des principes. (*haut.*) Si quelques-unes de mes esclaves ont eu le bonheur de vous plaire, je puis vous en accommoder.

ARLEQUIN.

Vous êtes trop bon ; mais j'ai une femme, et c'est beaucoup.

ASTOUF.

(*A part.*) Ah! ah! déjà brouillés! (*haut.*) Comment! est-ce que vous auriez à vous plaindre d'elle?

ARLEQUIN.

Oh, mon ami, c'est un monstre!

ASTOUF.

Fort joli, à ce que j'ai vu.

ARLEQUIN.

Elle me fera mourir! Croiriez-vous que je n'ai pas encore déjeuné?

ASTOUF.

Je vous plains.

ARLEQUIN.

C'est une femme sans soin, sans ordre, qui laisse brûler des macaronis. Avec cela, méchante, curieuse, bavarde...

ASTOUF.

Louanges de mari.

ARLEQUIN.

Ah! que n'en suis-je débarrassé! Si j'avais un ami...

ASTOUF.

Je suis le vôtre, et puis vous rendre ce service.

ARLEQUIN.

En vérité?

ASTOUF.

Dans une heure, je mets à la voile, et, si vous le voulez, elle sera du voyage.

ARLEQUIN.

Sangodémi! comme vous y allez!

ASTOUF.

Il n'y a pas de tems à perdre: elle est jolie, et je vous garantis que le Sultan lui jettera le mouchoir.

ARLEQUIN.

Comment, le mouchoir?

ASTOUF.

Oui, le Grand-Seigneur doit choisir parmi les beautés que je possède, et celle qui lui plaira, sera proclamée Sultane.

ARLEQUIN.

Sultane, en ce cas.... Mais, non... cependant... car enfin.... Ah! mon dieu, quel embarras!

ASTOUF.

Un mot, et dans un instant vous aurez cent sequins de plus et une femme de moins.

ARLEQUIN, *à lui-même.*

Cent sequins ! quelle double tentation ! D'un côté, ma conscience et ma femme ; de l'autre, ce qu'elle me fait souffrir, le sort brillant que je lui prépare, et la manière noble avec laquelle je me venge.... Pardessus tout cela, cent sequins..... voyons.... (*Il imite la balance avec ses mains.*) Ma femme est bien légère.... oui, non ; non, oui.... Ma foi.... allons....

ASTOUF.

Eh bien?

ARLEQUIN.

Je la fais sultane.

ASTOUF.

Vous ne pouviez mieux faire.

ARLEQUIN.

Le Grand-Seigneur m'en remerciera. Vous l'avez vue, une figure d'ange, un esprit du diable; elle peint à ravir: si vous connaissiez le portrait qu'elle a fait de moi, vous verriez quel beau coloris ! et comme elle m'a drapé.... Avec cela, le meilleur cœur du monde; une douceur inconcevable, une vivacité, une pétulance... Elle fait une question, répond aussitôt; se fâche, s'emporte, vous donne un soufflet, tout cela, dans un moment et avec une grâce infinie.

ASTOUF.

Oh ! je n'en doute pas.

ARLEQUIN.

Je vais vous l'amener... (*il revient.*) Ah ça, il ne faudra rien lui dire, parce que je veux lui ménager le plaisir de la surprise.

ASTOUF.

Volontiers.

ARLEQUIN.

Et vous la ferez Sultane ?

ASTOUF.

Je n'y manquerai pas.

ARLEQUIN.

Allons, me voilà tranquille, et je vais... Ah! la voici. Je me sauve; si elle me voyait de ce côté, elle s'en irait de l'autre.

SCÈNE IX.
COLOMBINE, ASTOUF.

COLOMBINE, *à part, dans le fond du théâtre.*

Je viens de chez le cadi ; mes plaintes ont été inutiles : il ne me reste qu'un moyen... extrême, il est vrai, mais c'est le seul.

ASTOUF.

La voici.

COLOMBINE, *à part.*

Suivrai-je le conseil qu'on m'a donné? Je m'en repentirai, peut-être ; mais je suis trop malheureuse : oui, me voilà décidée, et à la première occasion.... (*apercevant Astouf.*) Ah!...

ASTOUF.

Pourquoi me fuir ainsi, mon aimable voisine ?

COLOMBINE.

Seigneur....

ASTOUF.

On n'est pas plus gentille !

AIR : *Suzon sortait de son Village.*

C'est la fraîcheur de l'innocence,
Dont l'éclat toujours nous séduit.
Vos traits respirent la décence ;
Vos yeux décèlent votre esprit.
Air de santé,
Air de gaîté,
De votre cœur indiquent la bonté.
Heureux l'époux
Qui, près de vous,
Passe, à son gré, les momens les plus doux.
Je ne demande au grand Prophète,
Pour me faire mille jaloux,
Que dix esclaves comme vous,
Et ma fortune est faite.

COLOMBINE, *à part.*

Voilà bien le corsaire dont on m'a parlé; mais je n'oserai jamais....

ASTOUF.

Qu'Arlequin est heureux de vivre auprès d'une aussi jolie femme!

COLOMBINE.

Oh! cela ne durera pas long-tems.

ASTOUF.

S'il savait comme moi tout ce que vous valez! (*à part.*) Je gagnerai mille pour cent sur cette femme-là.

COLOMBINE.

Seigneur, vous êtes trop honnête!

ASTOUF.

Non, non, je sais vous apprécier, et vous méritez un meilleur sort. (*à part.*) Le Sultan en sera fou.

COLOMBINE.

Cela vous plaît à dire.

ASTOUF.

Il est vraiment fâcheux que vous soyez mariée!

COLOMBINE, *vivement.*

N'est-ce pas, Seigneur?

ASTOUF.

Oh! certainement. (*à part.*) Sans cela, j'en aurais eu dix mille sequins.

COLOMBINE.

Si du moins j'étais née dans votre pays....

ASTOUF.

Oui, chez nous le mariage est un lien facile à rompre.

Air *de la Parote.*

Quand, pour son aimable moitié,
L'époux voit éteindre sa flamme,
Rempli d'une douce pitié,
Sans façon il nous vend sa femme.
L'épouse, s'il ne lui plaît pas,
Sans que cela paraisse étrange,
Des mêmes droits use en ce cas.

COLOMBINE.

Plus heureuses dans nos climats,
On ne les vend pas. (*bis.*)

ASTOUF.

On les change.

COLOMBINE.

Mais on a toujours le désagrément de les voir.

ASTOUF.

Je conviens que, pour une femme sensible, il est plus agréable de s'en défaire de suite.

COLOMBINE.

Je vois que vous êtes d'un bon conseil, et que j'ai bien fait de m'adresser à vous.

ASTOUF.

En quoi puis-je vous être utile?

COLOMBINE.

Il faut que vous me débarrassiez d'un ingrat, d'un jaloux, d'un brutal, d'un gourmand, d'un paresseux, d'un.....

ASTOUF.

Voilà bien du monde!

COLOMBINE.

Il ne s'agit que de mon mari.

ASTOUF.

Peste! (*à part.*) La rencontre est comique. (*haut.*) Je ne puis m'en charger.

COLOMBINE.

Je vous l'offre pour rien.

ASTOUF.

Que le Prophète me préserve d'un pareil marché!... brutal, ivrogne, paresseux!.... Cet homme-là vaut trois cents sequins.....

COLOMBINE.

Trois cents sequins?

ASTOUF.

Que vous allez me donner; et ce n'est rien en comparaison du service que je vous rends.

COLOMBINE.

Mais songez donc aussi qu'il a des qualités. (*à part.*) Allons, il faut faire son éloge.

AIR: *Dans ce salon.*

Il est bonhomme et cependant,
Il mord, égratigne, déchire ;
On le voit toujours gai, chantant,
Et même en pleurant il fait rire.
Dès qu'il paraît on l'applaudit ;
Souple, adroit, rien ne l'embarrasse,
Sa laideur même l'embellit,
Et chaque geste est une grâce.

ASTOUF.

Oh ! dans ce cas, il servira de bouffon au Grand-Seigneur, et je ne vous demande rien.....

COLOMBINE.

A la bonne heure.

ASTOUF.

Rien.... que cent sequins pour rassurer ma conscience, et afin de remédier aux dangers que je cours en enlevant un homme libre. Dès que vous m'aurez compté la somme, je vous réponds d'Arlequin.

COLOMBINE.

Allons, j'y consens ; mais au moins vous me promettez qu'il ne lui sera fait aucun mal ?

ASTOUF.

J'en prends à témoin Mahomet..... et les cent sequins que vous allez me donner.

COLOMBINE.

Je vais le chercher. (*à part.*) Ce pauvre Arlequin !.... (*vivement à Astouf.*) Vous êtes bien sûr que je ne le verrai plus ?

ASTOUF.

Je m'en charge.

COLOMBINE.

Comptez sur ma reconnaissance.

SCÈNE X.
ASTOUF, *seul.*

Allons, Astouf, voilà une bonne journée ! J'achète deux esclaves, et cela, sans qu'il m'en coûte rien. Ah ! ah ! l'aventure est singulière.... et je crois que j'ai ri. Ces pauvres époux !

je gage qu'ils s'aiment encore; eh bien, tant pis pour eux! Je ne puis m'attendrir sur leur sort, et je serai corsaire jusqu'au bout, puisque le destin l'a voulu.

Air: *Prenons d'abord l'air bien méchant.*

Que chacun fasse son métier,
Il n'en est point que je condamne;
J'ai parcouru le monde entier,
Et j'ai fait plus d'une sultane.
Quoique maître de la beauté,
Je fais souvent ce qu'elle ordonne,
Et si je vends sa liberté,
Je porte les fers qu'elle donne.

SCÈNE XI.
ARLEQUIN, ASTOUF.

ARLEQUIN.

Eh bien?

ASTOUF.

J'ai fait un marché d'or.

ARLEQUIN.

Vous ne le croyiez pas si bon?

ASTOUF.

Il est encore meilleur que vous ne pensez.

SCÈNE XII.
ARLEQUIN, ASTOUF, COLOMBINE, *sortant de chez elle.*

Trio nouveau, de Doche.

ARLEQUIN, *bas à Astouf.*
Mais la voici. Chut! chut! ne disons rien.

COLOMBINE, *bas à Astouf.*
C'est lui-même; comment le trouvez-vous?

ASTOUF.
Fort bien.

COLOMBINE, *bas à Astouf.*
N'a-t-il pas un air agréable?

ASTOUF.
Vraiment on n'est pas plus aimable.

ARLEQUIN, *bas à Astouf.*
C'est un ange. (*à part.*) C'est un démon.
COLOMBINE, *de même.*
C'est un agneau. (*à part.*) C'est un démon.
(*Bas à Astouf.*)
Pour terminer notre affaire,
Voilà vos cent sequins.
ASTOUF.
C'est bon.
(*Il prend la bourse des mains de Colombine, la passe derrière le dos, et la remet à Arlequin, en lui disant :*)
Pour terminer notre affaire,
Voilà vos cent sequins.
ARLEQUIN.
C'est bon.
TOUS.
C'est bon, c'est bon.
ASTOUF, *bas à Colombine.*
Maintenant avec mystère,
Il vous faudra d'abord
Le conduire à mon bord.
COLOMBINE.
Je m'en charge, laissez-moi faire.
ASTOUF, *à Arlequin.*
Maintenant, avec mystère,
Il vous faudra d'abord
La conduire à mon bord.
ARLEQUIN.
Je m'en charge, laissez-moi faire.
ASTOUF, *bas, et à tous les deux.*
Fort bien ; fort bien... C'est cela... c'est cela.
TOUS.
Oh ! l'heureux marché que voilà.
ASTOUF, *remontant la scène, haut à Arlequin.*
Venez, venez me voir,
Nous ferons, dès ce soir,
Une plus ample connaissance.
ARLEQUIN, *bas.*
Je vous entends. (*haut.*) Seigneur,
Vous me faites beaucoup d'honneur.

ASTOUF.
Madame vous suivra, je pense.
COLOMBINE, bas.
Je vous entends. (haut.) Seigneur,
Vous me faites beaucoup d'honneur.
ASTOUF, à part.
Bon ! grace à mon adresse,
Tous les deux je les tiens.
(haut.) Adieu, l'heure me presse,
Mais dans un instant je reviens.
Salut.
COLOMBINE et ARLEQUIN.
Salut.
ASTOUF.
Ah ! je les tiens.
TOUS.
Ah ! je la tiens ; ah ! je $\substack{le \\ la}$ tiens.

(*Astouf sort en laissant Arlequin et Colombine aux deux extrémités du Théâtre.*)

SCENE XIII.
ARLEQUIN, COLOMBINE.

ARLEQUIN, à part.
Voilà le moment de la crise.
COLOMBINE, à part.
De la fermeté, n'allons pas nous trahir.
ARLEQUIN, à part.
Ayons l'air d'oublier notre querelle.
COLOMBINE, à part.
Paraissons moins fâchée.
ARLEQUIN.
Le tems est bien beau !
COLOMBINE.
Charmant !.... pour une promenade.
ARLEQUIN.
Oui ; mais il y a si peu d'endroits pour se promener !

COLOMBINE.
Le port est cependant assez fréquenté.

ARLEQUIN.
Oui, la vue de la mer est belle.

COLOMBINE.
On aperçoit les vaisseaux prêts à mettre à la voile.

ARLEQUIN.
Cela réjouit. On peut même se procurer le plaisir de les visiter.

COLOMBINE.
Cela amuse.

ARLEQUIN.
Eh bien, allons faire un tour sur le port.

COLOMBINE.
Volontiers.

ARLEQUIN, *à part.*
Elle se livre d'elle-même.

COLOMBINE, *à part.*
Il donne dans le piége.

ARLEQUIN.
Partons.

COLOMBINE.
Partons.

(*Ils font chacun un pas, se regardent et s'arrêtent.*)

DUO D'AZÉMIA.

ARLÉQUIN, *à part.*
Je tremble, et je ne sais pourquoi:
Son départ en serait-il cause!

COLOMBINE, *à part.*
Je tremble, et je ne sais pourquoi:
Son départ en serait-il cause!

ARLEQUIN.
Partons tous deux.

COLOMBINE.
Quoi?

ARLEQUIN.
Oui.

COLOMBINE.
Tous deux!

ARLEQUIN.
Tous deux.
COLOMBINE, *à part.*
Je n'ose.
ARLEQUIN.
Approche-toi.
COLOMBINE.
Moi ?
ARLEQUIN.
Toi.
COLOMBINE.
Partons.
ARLEQUIN
Partons.
COLOMBINE.
Je n'ose.
ARLEQUIN.
Qu'as-tu donc ! tu n'avances pas.
COLOMBINE, *à part.*
Je sens croître mon embarras.
ARLEQUIN, *à part.*
Elle ne se doute de rien.
COLOMBINE, *à part.*
Il ignore tout, c'est fort bien.
ENSEMBLE.
Voilà mon bras, }
Je tiens son bras, } courage;
Commençons le voyage.
Je sens déjà battre mon cœur;
Est-ce d'amour ou de douleur ?

(*Ils se sont avancés petit à petit; Arlequin a pris le bras de Colombine, et lui tourne presque le dos. Ils n'osent se regarder.*)

ARLEQUIN, *à part.*
Si elle savait que je l'ai vendue !
COLOMBINE, *à part.*
S'il soupçonnait où je le mène !
ARLEQUIN, *à part.*
C'est pourtant dommage !
COLOMBINE, *à part.*
J'ai peur de le regretter.

ARLEQUIN, *à part.*

Elle faisait si bien le macaroni !

COLOMBINE, *à part.*

Ses vivacités étaient sitôt passées !

ARLEQUIN, *soupirant.*

Ah !

COLOMBINE, *soupirant.*

Ah !

ARLEQUIN.

Je crois qu'elle soupire.

COLOMBINE.

On dirait qu'il se plaint.

(*Ils se regardent furtivement en dessous; et se retournent de suite.*)

ARLEQUIN.

Pauvre Colombine ! comme elle m'a regardé !

COLOMBINE.

Pauvre Arlequin ! quel air de bonté !

ARLEQUIN.

Ma haine s'en va.

COLOMBINE.

Mon amour revient.

(*Ils se retournent lentement vis-à-vis l'un de l'autre.*)

ARLEQUIN.

Comme tu parais triste, ma bonne amie !

COLOMBINE.

Pas plus que toi, mon cher Arlequin !

ARLEQUIN.

Moi ?... je pensais à un rêve que j'ai fait.

COLOMBINE, *vivement et se retournant tout-à-fait.*

Ah ! conte-moi donc cela.

ARLEQUIN.

AIR : *L'Amour aura soin de l'instruire.* (Gentil Bernard.)

Par un vil corsaire entraînée,
J'ai rêvé que loin de ces lieux,
Tu trahissais notre hyménée,
J'étais désolé, furieux.
Dans les sérails de la Turquie,
De loin, je te voyais déjà.

COLOMBINE.

Mon bon ami, je t'en supplie,
Ne fais plus de ces rêves-là.

(*Moment de silence.*)

ARLEQUIN.

Colombine!

COLOMBINE.

Arlequin!

ARLEQUIN.

Te sentiras-tu la force de m'accorder un généreux pardon?

COLOMBINE, *à part.*

Un pardon! eh! ne suis-je pas mille fois plus coupable que lui? (*haut.*) Et toi, m'excuserais-tu, si je t'avouais une faute?...

ARLEQUIN

(*A part.*) Une faute! je lui défie d'avoir fait pis que moi! (*Haut.*) Parle.

COLOMBINE.

Explique-toi.

ARLEQUIN.

Je me jette à tes genoux.

COLOMBINE.

Je tombe à tes pieds.

(*Ils se mettent à genoux l'un devant l'autre.*)

Je suis une perfide.

ARLEQUIN.

Je suis un monstre.

COLOMBINE.

Dans un moment de colère....

ARLEQUIN.

Dans un instant de dépit.....

COLOMBINE.

Ce maudit Astouf.....

ARLEQUIN.

Ce vilain corsaire....

COLOMBINE.

Moyenant cent sequins....

ARLEQUIN.

Qu'il m'a donnés.

COLOMBINE.

Que je lui ai donnés.

ARLEQUIN.

Je t'ai fait sultane.

COLOMBINE.

Je t'ai fait bouffon du Grand-Seigneur.

ARLEQUIN.

Bouffon du Grand-Seigneur! (*Il se lève.*)

COLOMBINE.

Sultane! (*Elle se lève.*)

ARLEQUIN.

Deux effets de la sympathie! Deux époux bien unis ne doivent avoir qu'une même pensée.

COLOMBINE.

Oh! si je l'osais, je te ferais payer cher ce complot infâme! mais je suis aussi coupable que toi; ainsi.....

ARLEQUIN.

Ainsi, point d'explication..... Oui, ma chère Colombine, chassons ces vilaines pensées, et figurons-nous que c'est un rêve, comme je te le disais tout-à-l'heure. Nous avons cédé l'un et l'autre à un moment de colère; mais l'amour nous attendait à la séparation, et ce moment nous a convaincus que nous ne devons jamais nous séparer.

COLOMBINE.

Non, jamais! (*le caressant.*) Mon petit mari!

ARLEQUIN.

Ma petite femme!

SCÈNE XIV ET DERNIÈRE.

LES MÊMES, ASTOUF.

ASTOUF.

Ah! ah! que signifie ceci?

ARLEQUIN.

Vous voilà, Monsieur le Turc? Vous pouvez mettre à la voile lorsqu'il vous plaira; mais vous partirez sans nous.

ASTOUF.

Sans vous? et notre marché?...

ARLEQUIN.

Je le casse.

ASTOUF.

Cela ne m'arrange pas.

ARLEQUIN.

Cela m'arrange, moi.

AIR :

Quoiqu'hymen nous fasse souffrir,
Y renoncer serait folie,
Ce lien seul peut embellir
Le triste chemin de la vie.
De ses maux pourquoi s'effrayer,
On s'en console je vous jure;
Et l'on soigne encor le rosier
Qui nous a fait une piqûre.

Ainsi, je garde ma femme, et je vous rends votre argent.

(*Il va pour lui rendre la bourse.*

COLOMBINE, *prenant la bourse des mains d'Arlequin.*

Et moi, je garde mon mari, et reprends mes cent sequins.

ASTOUF.

Comment donc?

COLOMBINE.

La leçon est bonne, mais il est inutile de la payer aussi cher.

ARLEQUIN.

De quoi vous plaignez-vous? Nous voilà tous au même point d'où nous sommes partis; nous deux, plus amoureux que jamais; et vous, avec le plaisir d'avoir fait une bonne action.

ASTOUF.

Une bonne action? Je n'entends rien à cela; il me faut....

ARLEQUIN.

Mettre à la voile, car aussi bien vous perdez votre tems; et si le cadi savait que vous aviez le dessein d'enlever un homme comme moi, vous pourriez bien vous en repentir.

COLOMBINE.

Ainsi, seigneur Astouf, cédez de bonne grâce, puisque vous ne pouvez faire autre autrement.

ASTOUF.

(*A part.*) Elle a raison. (*haut.*) Allons, je serai généreux. Mais s'il vous arrive encore de vous disputer, ne venez plus me chercher, car je n'ai pas tous les jours le cœur aussi sensible.

VAUDEVILLE.

ARLEQUIN.

AIR : *Vaudeville de l'Opéra-Comique*.

Souvent, dans un accès d'humeur,
A mille chagrins on s'expose ;
Et l'on ne connaît le bonheur
Que par les regrets qu'il nous cause.
Dupe d'une jalouse erreur,
Vainement à fuir on s'apprête ;
Quand on boude malgré son cœur,
  La paix est bientôt faite.

ASTOUF.

Chez nous, un époux furieux
Ne pardonne point une offense ;
La mort, d'un rival odieux,
Peut seule assouvir sa vengeance.
En France, où l'on voit tour-à-tour,
Époux galant, femme coquette,
On se prend, se quitte en un jour,
  La paix est bientôt faite.

COLOMBINE, *au Public*.

Auteurs, acteurs et directeurs
Vivent gaiement en compagnie,
Jusqu'au jour où les spectateurs
Viennent troubler cette harmonie.
Si l'ouvrage bronche en chemin,
Chacun d'eux s'accuse et tempête...
Mais il ne faut qu'un coup de main,
  Et voilà la paix faite.

FIN.

De l'Impr. D'HÉNÉE et DUMAS, rue S.-André-des-Arcs, n.º 3, ancienne maison de feu M. Knapen.

www.ingramcontent.com/pod-product-compliance
Lightning Source LLC
Chambersburg PA
CBHW070445080426
42451CB00025B/1667